Sabrina Reinecke

Drogen und Prävention - Eine Untersuchung der Drogenpräventivarbeit am Beispiel Wolfsburg

GRIN Verlag

Bibliografische Information der Deutschen Nationalbibliothek:

Die Deutsche Bibliothek verzeichnet diese Publikation in der Deutschen National-
bibliografie; detaillierte bibliografische Daten sind im Internet über http://dnb.d-
nb.de/ abrufbar.

Dieses Werk sowie alle darin enthaltenen einzelnen Beiträge und Abbildungen
sind urheberrechtlich geschützt. Jede Verwertung, die nicht ausdrücklich vom
Urheberrechtsschutz zugelassen ist, bedarf der vorherigen Zustimmung des Verla-
ges. Das gilt insbesondere für Vervielfältigungen, Bearbeitungen, Übersetzungen,
Mikroverfilmungen, Auswertungen durch Datenbanken und für die Einspeicherung
und Verarbeitung in elektronische Systeme. Alle Rechte, auch die des auszugsweisen
Nachdrucks, der fotomechanischen Wiedergabe (einschließlich Mikrokopie) sowie
der Auswertung durch Datenbanken oder ähnliche Einrichtungen, vorbehalten.

Impressum:

Copyright © 2009 GRIN Verlag GmbH
Druck und Bindung: Books on Demand GmbH, Norderstedt Germany
ISBN: 978-3-656-31138-6

Dieses Buch bei GRIN:

http://www.grin.com/de/e-book/204802/drogen-und-praevention-eine-untersuchung-
der-drogenpraeventivarbeit-am

GRIN - Your knowledge has value

Der GRIN Verlag publiziert seit 1998 wissenschaftliche Arbeiten von Studenten, Hochschullehrern und anderen Akademikern als eBook und gedrucktes Buch. Die Verlagswebsite www.grin.com ist die ideale Plattform zur Veröffentlichung von Hausarbeiten, Abschlussarbeiten, wissenschaftlichen Aufsätzen, Dissertationen und Fachbüchern.

Besuchen Sie uns im Internet:

http://www.grin.com/

http://www.facebook.com/grincom

http://www.twitter.com/grin_com

Drogen und Prävention

Eine Untersuchung der Drogenpräventivarbeit am Beispiel Wolfsburg

Wolfsburg den 28.07.2009

Sabrina Reinecke

Facharbeit im Seminarfach Pop und Kultur

Inhaltsverzeichnis

1. Einleitung

Es ist keine Schande suchtkrank zu sein. Eine Schande ist es, nichts dagegen zu tun![1]

Suchtkranke gibt es viele auf dieser Welt. Zu viele. Auch in Wolfsburg. Und das Problem des Drogenkonsums wächst immer weiter an. Was treibt Menschen in diese Sackgasse? Ist es die Flucht vor Problemen oder einfach nur die bloße Neugier mal etwas Neues auszuprobieren? Ist es der schlechte Einfluss des Freundeskreises oder bloß Einsamkeit? Ist es Stress, Unverstandenheit, Hilflosigkeit? Vielleicht auch von allem ein bisschen.

Tausend Wege führen in diesen Teufelskreis hinein, doch nur die wenigsten wieder heraus. Einen Ausweg aus dem Kreislauf zu finden, dessen Verlassen als nahezu unmöglich empfunden wird – vor dieser schweren Aufgabe stehen heutzutage die Suchtberatungsstellen. Welche Arbeit diese vorausschauend im Bezug auf Drogen leisten, wie im Ernstfall Abhilfe geschaffen wird, welche Projekte angeboten werden und wie das Ganze realisiert wird – das wird das Thema dieser Facharbeit sein.

Auch möchte ich in diesem Rahmen meine These untermauern, dass Suchtberatungsstellen für die Gesundheit unserer Gesellschaft unumgänglich sind.

Zur Struktur meiner Arbeit ist dabei zu sagen, dass ich nach einigen Anmerkungen zuallererst Begriffe klären werde, die für das Textverständnis sowie für den Gesamtzusammenhang wichtig sind. Anschließend folgt die Benennung der aktuellen Situation in Wolfsburg im Bezug auf den Drogenkonsum. Darauf aufbauend, wird die Suchtprävention in Wolfsburg an sich vorgestellt. Thematisiert werden bei dieser Vorstellung die Institutionen, ihre Ziele und Zielgruppen sowie die Vorgehensweise und die Art ihrer Projekte. Zum Ende dieser Facharbeit wird ein Vergleich der Suchtprävention zwischen Osnabrück und Wolfsburg angestrebt.

Insgesamt wird diese Arbeit die Frage betrachten, welche Bedeutung Suchtpräventionsstellen heutzutage zuteil wird und wie ihre Arbeit aussieht.

2. Anmerkungen

Zwei Punkte möchte ich vorab noch kurz anmerken, nämlich etwas zu den Fußnoten sowie zum Vergleich zwischen Osnabrück und Wolfsburg.

Was die Fußnoten anbelangt, so gibt es zu sagen, dass sie wenn sie an die Überschrift des jeweiligen Teilgebietes geheftet sind für den ganzen Absatz als Quelle dienen sollen. Diese Methode habe ich gewählt, um das Ganze zu vereinfachen und nicht hinter jedem Satz eine Fußnote setzten zu müssen, wenn es sich ohnehin immer um dieselbe Quelle handelt.

---

[1] Flyer: „Suchtkrankenhilfe für Betroffene und Angehörige", Herausgeber: Diakonie, Goethestraße 33

3

Zum Punkt 6 gibt es noch zu sagen, dass sich ein Vergleich der Städte Wolfsburg und Osnabrück in punkto Suchtprävention insofern als schwer erwiesen hat, da nicht für beide Städte ausreichend befriedigendes Material zu finden war, das auch aktuell ist. Ich stütze meinen Vergleich was Osnabrück angeht somit auf den Jahresbericht von 2006, da mir selbst die Drogenberatung aus Osnabrück keinen aktuelleren Bericht zusenden konnte.

3. Begriffserklärungen

Der Begriff Sucht beschreibt die körperliche und geistige Abhängigkeit von bestimmten Substanzen oder Handlungen. Nicht nur der Konsum von Alkohol oder Drogen fällt unter diesen Begriff sondern auch Verhaltensweisen wie z.b. Kaufsucht oder Glücksspielsucht.[2]

Suchtprävention bezeichnet dabei vorbeugende Maßnahmen, die getroffen werden, um zu verhindern, dass Menschen in ein Suchtverhalten verfallen und durch diese Süchte Gesundheitsschäden erleiden.[3] Das Wort „Prävention" an sich, bedeutet also soviel wie vorbeugend etwas entgegensteuern.[4]

Zum Thema Drogenprävention sind auch Begriffe wie Intervention, Multiplikator, Substitution und Co-Abhängigkeit von Bedeutung.

Intervention bedeutet dabei im medizinischen Sinne soviel wie „dazwischen gehen" oder „eingreifen", um das Fortschreiten einer Erkrankung zu vermeiden.[5]

Multiplikatoren sind im Bezug auf Präventionsarbeit Akteure, die Informationen und Meinungen an andere Menschen vermitteln und weitergeben, wie es zum Beispiel Lehrer oder Erzieher machen.[6]

Substitution meint, die Versorgung von Drogenabhängigen mit einem Drogenersatzstoff. Der Unterschied ist dabei nicht etwa, dass aus der Sucht herausgeholfen wird, sondern lediglich, dass der Ersatzstoff anders als die Hauptdroge legal ist. Substitutionsmittel stellen also Hilfen aus der Illegalität dar.[7]

Die Co-Abhängigkeit beschreibt das Leid eines Menschen, wenn eine Person aus seinem näheren Umfeld an einer Sucht erkrankt ist. Dieser Mensch leidet unter der Sucht des Betroffenen, versucht alles, um es diesem leichter zu machen und gerät dadurch in eine Abhängigkeit vom Verhalten des Suchtkranken.[8]

---

[2] Wikipedia, Begriff: Sucht , http://de.wikipedia.org/wiki/Sucht (Stand vom 09.08.09)
[3] Wikipedia, Begriff: Drogenprävention, http://de.wikipedia.org/wiki/Drogenpr%C3%A4vention (Stand vom 09.08.09)
[4] Wikipedia, Begriff: Prävention, http://de.wikipedia.org/wiki/Pr%C3%A4vention (Stand vom 09.08.09)
[5] Wikipedia, Begriff: Intervention, http://de.wikipedia.org/wiki/Intervention , (Stand vom 23.08.09)
[6] ,Wikipedia, Begriff: Multiplikator, http://de.wikipedia.org/wiki/Multiplikator_(Werbung) (Stand vom 23.08.09)
[7] ,Wikipedia, Begriff: Drogensubstitution, http://de.wikipedia.org/wiki/Drogensubstitution (Stand vom 06.09.09)
[8] „Co-Abhängigkeit", http://www.suchtprozesse.de/angehoerige.htm (Stand vom 30.08.09)

4. Situation in Wolfsburg[9]

Um auf die Situation in Wolfsburg zu sprechen zu kommen, gibt es zu sagen, dass sich im Laufe der letzten Jahre Veränderungen aufgezeigt haben.

Wie man der Statistik entnehmen kann, die auch im Anhang noch einmal aufgeführt wird, ist die Gruppe der Heroinabhängigen in Wolfsburg bei weitem am Größten. 312 Personen[10] fallen in dieser Kategorie.

Heroin ist dabei insofern eine so gefährliche Droge, weil sie sehr hochpotent ist und sie deshalb dem Körper sehr zusetzt und schadet. Neben der körperlichen Belastung kommt noch die soziale Desintegration hinzu, die in einem Leben in Illegalität ihre Ursache findet und den Betroffenen die Situation zusätzlich noch erschwert.[11]

Heroin ist dabei noch eine überdurchschnittlich teure Droge. Eine Spritze kostet in etwa 50 bis 60 Euro, doch eine einzige am Tag reicht einem Abhängigen natürlich nicht aus. Deshalb benötigen Heroinabhängige täglich weit mehr als 100 Euro für die Befriedigung ihrer Sucht, was natürlich wieder das Problem der Finanzierung aufwirft. Viele Abhängigen werden von daher kriminell und viele Frauen prostituieren sich um das nötige Geld zu verdienen.[12]

Um diesen Menschen aus dem Teufelskreis der Illegalität zu helfen, gibt es sogenannte Substitutionsmittel, wie z.B. das Methadon. Das Ziel von diesen Mitteln ist allerdings lediglich den Betroffenen aus der Kriminalität herauszuhelfen. Die Sucht bekämpfen diese Mittel dabei keinesfalls. Im Gegenteil – es kann eher noch dazu kommen, dass die vorerst Heroinabhängigen nun in eine Abhängigkeit zum Substitutionsmittel fallen. Dennoch sind diese Mittel ein erster Schritt die Probleme legal anzugehen, denn Substitutionsmittel sind im Gegensatz zu Drogen vom Staat geduldet und gelten nicht als illegal.[13]

Grade aufgrund dieser Mittel erreicht die Drogenberatung in Wolfsburg einen hohen Anteil der Heroinkonsumenten.[14]

Wie man der Statistik ebenfalls entnehmen kann, gibt es in Wolfsburg auch Abhängige von Drogen wie Cannabis und Kokain sowie anderen Stimulanzen. Im Vergleich zum Heroin fallen in diese Gruppen aber weitaus weniger Menschen.

Diese Menschen sind besonders schwer zu erreichen, doch auch diese Kontakte haben sich in Wolfsburg in letzter Zeit stark gebessert, was vor allem auf die „Cannabisgruppe"[15]

---

[9] Jahresbericht 2008, Jugend- und Drogenberatung Wolfsburg, Drops, Seite 19: „Jahresstatistik 2008"
[10] Jahresbericht 2008, Jugend- und Drogenberatung Wolfsburg, Drops, Seite 19: Statistik: „Betroffene nach Hauptdroge"
[11] vgl. Jahresbericht 2008: „Jahresstatistik 2008", a.a.O.
[12] aus dem Gespräch mit der Diplom-Sozialpädagogin und Sozialarbeiterin Sandra Kohnert von der Drogenberatungsstelle aus der Alessandro-Volta-Str. 3, am 27.08.09 um 09.30
[13] Ebd.
[14] vgl. Jahresbericht 2008: „Jahresstatistik 2008", a.a.O.

zurückzuführen ist. Dabei handelt es sich um eine Gruppe die sich auf Cannabisabhängige spezialisiert und sich diesen Personen in informierenden und beratenden Gruppennachmittagen annimmt.[16]

Insgesamt kann man sagen, dass die Klientenzahlen in Wolfsburg in den letzten Jahren gestiegen sind. Die Gesamtzahl der betreuten Klienten lag 2007 noch bei etwa 755 Personen[17], 2008 hingegen misst sie schon 793 Personen. Mit dieser Zahl befindet sich Wolfsburg, was die Betreuung von Drogenabhängigen angeht bereits auf einem hohen Niveau.[18]

Doch nicht nur die Anzahl der Betroffenen, die nun betreut werden, hat zugenommen sondern auch die der Angehörigen, die aufgrund der Co-Abhängigkeit nun ebenfalls Hilfe in Anspruch nehmen.[19]

Da die Anzahl des Personals bei der ansteigenden Zahl von Klienten allerdings gleichgeblieben ist, musste eine Umstrukturierung stattfinden, die zur Folge hat, dass die Treffen mit den jeweiligen Klienten zwar kürzer sind, dafür allerdings viel mehr Treffen zustande kommen.

Eine andere Möglichkeit, die ebenfalls mehr und mehr in Anspruch genommen wird, ist das Schreiben von E-Mails. Ein Vorteil dabei ist der, dass E-Mails weniger zeitintensiv sind als beispielsweise Telefonate oder Treffen.[20] Dennoch bemüht sich die Drogenprävention darum, die Kontakte möglichst persönlich zu gestalten – eine Aufgabe deren Erfüllung aufgrund des Personalmangels leider nicht immer möglich ist.[21]

5. Suchtprävention in Wolfsburg: Institutionen der Drogenberatung[22]

Um über die Institutionen der Drogenpräventivarbeit zu sprechen, muss zunächst angemerkt werden, dass man dabei nicht von der *einen* Institution spricht. Natürlich gibt es auch, was die Suchtprävention angeht eine Haupt- und Fachstelle, dennoch wird die Suchtprävention in verschiedene Unterabteilungen aufgeteilt.[23]

Ihren Hauptsitz hat die Suchtprävention dabei im diakonischen Zentrum in der Goethestraße 11. Hier handelt es sich um die Fachstelle der Stadt, wenn es um die Themen

---

[15] Jahresbericht 2008, Jugend- und Drogenberatung Wolfsburg, Drops, Seite 13: „Cannabisgruppe"
[16] vgl. Jahresbericht 2008: „Jahresstatistik 2008", a.a.O.
[17] Jahresbericht 2008, Jugend- und Drogenberatung Wolfsburg, Drops, Seite 19: Statistik: „Entwicklung der Klientenzahlen"
[18] vgl. Jahresbericht 2008: „Jahresstatistik 2008", a.a.O.
[19] vgl. Statistik: „Entwicklung der Klientenzahlen", a.a.O.
[20] vgl. Jahresbericht 2008: „Jahresstatistik 2008", a.a.O.
[21] vgl. Gespräch mit Sandra Kohnert von der Drogenberatung, a.a.O.
[22] Ebd.
[23] Ebd.

6

Präventionsarbeit, Drogenkonsum und Abhängigkeit geht. Doch die Diakonie bleibt dabei nicht die einzige Anlaufstelle. Weitere Unterabteilungen der Suchtberatung sind an anderen Standorten zu finden. So befindet sich beispielsweise eine Abteilung der Drogenberatung, die aus drei weiblichen Mitarbeiterinnen besteht, in der Alessandro-Volta-Straße 3. Auch die Einrichtung des Cafes Sonderbar, auf das später noch näher eingegangen wird, zählt zu den Anlaufstellen der Drogenberatung in Wolfsburg. Darüber befinden sich auch in der Lessingstraße 27, in der Goethestraße 33 und in der Hoffmannstraße 7 weitere Beratungsstellen, an die sich Abhängige wenden können.[24]

Trotz der verschiedenen Standorte arbeiten die einzelnen Abteilungen zusammen, tauschen sich aus und beraten sich gegebenenfalls.[25]

Eine weitere Institution der Drogenprävention, stellt dabei die Polizei dar. Diese unterstützt und ergänzt die Suchtprävention, wo sie kann. Beispielsweise engagiert sie sich in Umfragen, Projekten und Schulungen zu diesem Thema und erklärt verstärkt die rechtliche Seite des Drogenkonsums.[26]

5.1. Ziele und Zielgruppen der Suchtprävention [27]

Suchtprävention wird, wie der Begriff an sich schon sagt, meist vorausschauend betrieben. Das bedeutet, dass nicht etwa erst dann gegen die Sucht angegangen wird, wenn sie bereits vorhanden ist, sondern schon im Voraus.

Dies beginnt meist schon in jungen Jahren, weshalb zu den Zielgruppen der Suchtprävention vor allem Auszubildende, Schüler und Kinder zählen.[28]

Dies wiederum ist auch der Grund warum Eltern, Ausbilder, Lehrer und Erzieher zu den wichtigsten Zielgruppen der Suchtprävention zählen. Pädagogen und ganz speziell die Eltern erfüllen für Kinder stets eine Vorbildfunktion, weshalb sie sich natürlich insbesondere mit diesen Themen und den damit verbundenen Gefahren auseinandersetzen müssen.[29]

Zunächst können als Ziele der Drogenprävention die Förderung gesundheitserhaltender Lebenskompetenzen sowie das Hinauszögern oder sogar das Vermeiden des Einstiegs in den Drogenkonsum benannt werden.[30]

---

[24] „Drogenberatungsstellen in Wolfsburg" ,
http://www.sonderglocke.de/suchtberatung/niedersachsen/wolfsburg.html (Stand vom 09.09.09)
[25] Ebd.
[26] Ebd.
[27] Flyer: „Fachstelle für Sucht und Prävention"
[28] Ebd.
[29] vgl. Gespräch mit Sandra Kohnert von der Drogenberatung, a.a.O.
[30] vgl. Flyer: „Fachstelle für Sucht und Prävention", a.a.O.

Auch versucht die Drogenprävention das Früherkennen von gefährlichem Konsumverhalten zu schulen und die Möglichkeit zu einer Frühintervention zu schaffen, sollte jemand wirklich in ein Konsumverhalten verfallen. Insbesondere soll gesichert werden, dass die Informationen, die durch Multiplikatoren wie Lehrer und Mitarbeiter der Drogenberatung gegeben wurden auch nachhaltig sind und nicht sofort in Vergessenheit geraten.[31]

Generell kann zu den Zielen der Drogenprävention gesagt werden, dass der Missbrauch von Drogen sowie der Verfall in ein Suchtverhalten unterbunden werden sollen.[32]

5.2 Art der Präventionsarbeit

Um diese auch umsetzten zu können hält die Drogenberatung vielerlei Angebote bereit. Dazu zählen unter anderen suchtpräventive Schulprojekte, Elternabende, Workshops sowie Studientage für Erzieher und Lehrer. [33]

Auch suchtpräventive Betriebe und Arbeitskreise, die Kooperation mit suchtpräventiven Projekten sowie Reflektions- und Entwöhnungskurse für Raucher werden angeboten.[34]

Des Weiteren kann bei der Konzeptentwicklung von neuen suchtpräventiven Projekten mitgearbeitet werden und über all dem steht natürlich die stets kostenfreie Beratung und Informationsbeschaffung, sowie die Bereitstellung von Medien und Informationsmaterial. [35]

Für den Fall der Fälle, dass bereits eine Sucht vorliegt, kümmert sich die Drogenberatung auch um eine Vermittlung in Therapie oder versucht bei der Wiedereingliederung in Leben und Beruf zu helfen. [36]

Um einmal die Maßnahmen, die im Jahr 2008 erfolgten zusammenzufassen, kann man sagen, dass in Wolfsburg 176 suchtpräventive Maßnahmen erfolgten, von denen sich 67 an Kinder und Jugendliche, 59 an Multiplikatoren wie Lehrer, Erzieher und Ausbilder, vier an Eltern und 34 an die allgemeine Öffentlichkeit richteten.[37]

5.3. Ground Control [38]

Um einmal ein Projekt der Drogenprävention näher kennenzulernen, wird an dieser Stelle genauer auf das Projekt „Ground Control" eingegangen, welches auch im Anhang noch einmal zu finden ist.

---

[31] vgl. Flyer: „Fachstelle für Sucht und Prävention", a.a.O.
[32] Ebd.
[33] vgl. Flyer: „Fachstelle für Sucht und Prävention", a.a.O.
[34] Ebd.
[35] Ebd.
[36] Ebd.
[37] Jahresbericht 2008, Jugend- und Drogenberatung Wolfsburg, Drops, Seite 13: „Suchtprävention"
[38] Projekt „Ground Control" (siehe Anhang) , vermittelt über Sandra Kohnert

Bei „Ground Control" handelt es sich um ein Projekt, das an drei aufeinander folgenden (Wochen-) Tagen in einem Zeitraum von etwa drei Schulstunden durchgeführt wird und bei dem spielerisch Informationen rund um das Thema Drogen vermittelt werden.

Das Projekt startet dabei mit einem suchtspezifischen Teil. Zunächst einmal findet eine Vorstellungsrunde statt in der sich die Mitarbeiter der Drogenberatung genau wie die Schüler vorstellen und einander kennenlernen. Anschließend werden Gesprächsregeln festgelegt, die das Miteinander kontrollieren und den Schülern Sicherheit geben. Die Schweigepflicht zum Beispiel sorgt dafür, dass das Gesagte im Raum bleibt.

Mittels verschiedener Spiele und Arbeitsmethoden, für die die Schüler verschieden lang Zeit haben, wird nun auf bestimmte Ergebnisse abgezielt. So sollen die Schüler selbst erarbeiten was für Süchte es gibt, ab wann man süchtig ist und was der Begriff Sucht eigentlich genau meint.

Auch auf den persönlichen Bezug wird hier stellenweise abgezielt. Die Klasse soll ihre „Lieblingsdroge" benennen, die Rolle von Alkohol und Zigaretten in ihren Leben erkennen und über deren Folgen aufgeklärt werden.

Am Ende des ersten Teils dieses Projektes werden Hilfsangebote aufgeführt und die Schüler können der Drogenberatung ihr „Feedback" für diesen ersten Tag übermitteln.

Zu Anfang des zweiten Tages wird zunächst durch eine Gruppenarbeit, die sich mit Gründen, Wirkungen und Folgen des Drogenkonsums beschäftigt, wieder ins Thema eingestiegen. Die Schüler erarbeiten sich hierbei in den einzelnen Gruppen ihre Ergebnisse selbstständig und wählen einen Moderator, der diese dann vor der Klasse vorstellt.

Im Anschluss an die Präsentationen besucht die Polizei die Klasse und die Schüler erfahren etwas über die rechtliche Seite des Drogenkonsums. So wird der Klasse beispielsweise das Strafmaß im Fall von Drogenbesitz oder Drogenhandel nähergebracht.

Auch am Abschluss des zweiten Tages teilen die Schüler den Mitarbeitern der Drogenprävention ihre Meinung über den zweiten Teil des Projektes mit.

Mit dem dritten Tag beginnt der suchtunspezifische Teil und es wird zunächst mit einem Film zum Thema „PC-Konsum" gestartet. Nach einer Auswertung des Filmes steht für die Schüler der „Rauschbrillen-Parcour" bereit, bei dem sie mit Brillen, die einen Rauschzustand simulieren, verschiedene Aufgaben erledigen müssen. Dieser Parcour verfolgt dabei das Ziel, Schülern bewusst zu machen, wie wenig zurechnungsfähig eine Person im Rauschzustand ist.

Anschließend wird noch einmal separat auf den Begriff der Co-Abhängigkeit eingegangen und es werden Hilfsmöglichkeiten für Suchtprobleme innerhalb der Familie oder im Freundeskreis aufgezeigt. Zum Ende dieser Einheit gibt es wie üblich eine Abschlussrunde, in der ein Fazit gezogen wird und Schüler noch einmal ihre Meinung deutlich machen können.

Um noch einmal Sinn und Zweck dieses Projektes zusammenzufassen, gibt es zu sagen, dass Schüler mit dem Thema Sucht in Berührung kommen und darüber aufgeklärt werden sollen. Dies ist insofern förderlich, als dass die Schüler von klein auf lernen, was Drogen ihrem Körper antun können und sie somit gar nicht erst mit diesen in Berührung kommen (wollen).

6. Vergleich der Drogenpräventivarbeit zwischen Wolfsburg und Osnabrück

Anders als in Wolfsburg, wo größtenteils Heroin konsumiert wird, gibt es in Osnabrück eine weitaus größere Zahl an Verstößen mit Cannabis.[39] Während es dort im Jahr 2008 beim Heroin nur 204 Verstöße gab, waren es beim Cannabis ganze 896. Im Vergleich zum Vorjahr, in dem es 841 Verstöße mit Cannabis gab, ist diese Zahl also sogar noch angestiegen.

Generell kann man sagen, dass Alkohol und auch Rauschgifte in Osnabrück immer mehr zum Teil einer Freizeitkultur werden und die Gefahr der Abhängigkeit dabei stets wächst.[40]

Der Jahresbericht von 2006 beschreibt dabei auch, die für die Stadt immer größer werdende Problematik der medizinischen Versorgung der Drogenabhängigen, mit beispielsweise Substitutionsmitteln.[41]

Alles in allem aber scheint die Zahl der Rauschgiftkriminalität in Osnabrück zu sinken, denn wo es im Jahr 2007 noch 1771 Fälle gab, waren es 2008 lediglich 1.485, also insgesamt 16,14 Prozent weniger als im Vorjahr.[42]

Wie auch in Wolfsburg, ist die Drogenprävention in Osnabrück in mehr als eine Institution aufgegliedert. Auch dort gibt es eine Hauptstelle, mehrere Unterabteilungen und die Polizei, die auch dort präventive Maßnahmen wie beispielsweise vorbeugende Schulprojekte leistet.[43]

Auch die Maßnahmen, die auf der Liste der Suchtprävention in Wolfsburg stehen, stimmen mit denen in Osnabrück vollkommen überein.

---

[39] „Jugenddelinquenz und Jugendgefährdung" in Stadt und Landkreis Osnabrück (Stand vom 06.09.09)
[40] „Jahresbericht 2006", Diakonisches Werk Osnabrück
[41] Ebd.
[42] vgl. „Jugenddelinquenz und Jugendgefährdung" , a.a.O.
[43] Ebd.

Eine weitere Gemeinsamkeit der beiden Städte stellt eine ehrenamtliche Einrichtung dar, die sich Suchtkranken annimmt. In Wolfsburg trägt diese Einrichtung den Namen „SonderBar" und es handelt sich dabei um eine Art Cafe, das das Ziel vor Augen hat, Suchtkranken eine Anlaufstelle zu bieten.[44]

Ehrenamtliche Mitarbeiter führen seit etwa neun bis zehn Jahren diesen Kontaktladen und ermöglichen Konsumenten ihre Grundbedürfnisse wie Hygiene, Essen und Trinken zu befriedigen. Auch die Wundversorgung von kleineren Verletzungen und das Aufwärmen im Cafe zählen zu den Angeboten der SonderBar. [45]

Außerdem bieten die dort ehrenamtlich tätigen Mitarbeiter eine Spontanberatung sowie eine Weiterleitung zu einem umfangreicheren Beratungsangebot oder der Suchtpräventionsstelle an. Hierbei muss der Abstinenzwunsch nicht einmal gegeben sein, da diese Angebote allein auf den Erhalt der körperlichen und seelischen Gesundheit abzielen.[46]

Zusammengefasst sind die Ziele der SonderBar also, den Suchtkranken so gut es geht zu schützen und ihm eine Befriedigung seiner Grundbedürfnisse zu ermöglichen. Ebenso soll die Chance auf einen späteren Ausstieg bewahrt und Vertrauen in institutionelle Hilfe geschaffen werden.[47]

Um Bezug auf die Statistik der Besucherkontakte pro Jahr zu nehmen, die im Anhang zu finden ist, gibt es zu sagen, dass die Besucherzahl im Jahr 2008 im Vergleich zum Vorjahr 2007 von 9.328 auf 11.950 gestiegen ist. Dies bedeutet einen Zuwachs der Interessenten um ganze 28 Prozent.[48]

Um nun auf Osnabrück zu sprechen zu kommen, kann gesagt werden, dass das Cafe Oase dort ebenfalls eine solche Anlaufstelle darstellt.[49] Zehn Mitarbeiter engagieren sich dort ehrenamtlich und präsentieren ein niederschwelliges Suchtkrankenangebot, das wie auch das Angebot der SonderBar eine andere Zielgruppe Menschen als normale Suchtkranken-hilfssysteme erreicht. Gründe dafür sind die Angebote, die die Einrichtungen anbieten sowie dass keine Terminabsprache nötig ist um die Cafes zu besuchen.[50]

Wie auch die SonderBar hat das Cafe Oase ähnliche Ziele, dennoch unterscheidet es sich von der SonderBar in einigen wichtigen Punkten.

---

[44] Jahresbericht 2008, Jugend- und Drogenberatung Wolfsburg, Drops, Seite 8: Cafe SonderBar
[45] Ebd.
[46] Ebd.
[47] Ebd.
[48] Ebd.
[49] Jahresbericht 2006, Seite 3: „Cafe Oase"
[50] Ebd.

Während die SonderBar an Interessenten dazu gewinnt tut sich das Cafe Oase damit schwer. Ein Grund dafür ist, dass das Angebot im Cafe nicht wie in Wolfsburg kostenlos ist, sondern aufgrund der finanziellen Lage geringe Preise mit sich zieht. Da der Großteil der Suchtkranken allerdings eher als arm bezeichnet wird, benennt der Osnabrücker Jahresbericht von 2006 Perspektivlosigkeit, Motivationsverlust und Antriebsarmut als Gründe dafür, dass das Cafe kaum an Zuwachs gewinnt.[51]

Um dem entgegen zu wirken schraubt das Cafe Oase die Anforderungen an die Suchtkranken weiter herunter. Niemand soll sich zu etwas gedrängt oder überfordert fühlen, denn schließlich soll es ja angenehm sein, das Cafe zu besuchen. Da helfen auch die vielen Angebote, die das Cafe Oase an verschiedenen Wochentagen anbietet, denn der größte Teil der Abhängigen kann es sich gar nicht leisten in herkömmlichen Cafes zu speisen. Das Cafe bietet aber nicht nur gutes Essen zum billigen Preis, sondern fördert auch die Kommunikation zu den Mitarbeitern. So wird dafür gesorgt, dass die Abhängigen Bezugspersonen gewinnen und merken, dass sie auch in ihrer Krankheit nicht ganz auf sich allein gestellt sind.[52]

Gerade aufgrund des letzten Punktes erwies sich das Cafe Oase, trotz der zunehmenden Armutsproblematik in der Szene, als Anlaufstelle für Suchtkranke, die dort Möglichkeiten zur Kontaktsuche und Kommunikation sowie zur Gestaltung einer drogenfreien Freizeit fanden.[53] Insgesamt besuchten im Jahr 2006 etwa 9600 Besucher das Cafe. Diese Zahl weißt trotz der vielen Probleme kaum Veränderungen zu der im Vorjahr auf.[54]

Ergänzend kann zu Osnabrück jedoch gesagt werden, dass noch ein zweites Cafe dieser Art, das Cafe Connection[55], geführt wird. Dieses Cafe enthält viele Elemente, die die SonderBar und das Cafe Oase ebenfalls inne haben. So bietet es beispielsweise ebenfalls eine Befriedigung der Grundbedürfnisse und fördert die Kommunikation zwischen Abhängigen und Mitarbeitern der Drogenprävention.

Um eine Bilanz zu ziehen, kann gesagt werden, dass beide Städte sich bemühen eine gute Drogenberatung anzubieten und Menschen in Not zu helfen. Ein großer Unterschied ist jedoch, dass in den Städten verschiedene Drogen favorisiert werden. Wird in Wolfsburg am meisten Heroin konsumiert, so ist in Osnabrück Cannabis hoch im Kurs, was den Konsum von hochpotenten Drogen anbelangt.

---

[51] Ebd.
[52] Ebd.
[53] Ebd.
[54] Ebd.
[55] Jahresbericht 2006: Seite 6: „Cafe Connection"

12

Dennoch gibt es zwischen den beiden Städten auch vielerlei Gemeinsamkeiten. Eine ist beispielsweise der Aufbau der Suchtprävention. Beide Städte haben eine Fachstelle und Unterabteilungen und werden zusätzlich von der Polizei unterstützt. Auch das Vorhandensein und die Angebote der Cafes weisen vielerlei Parallelen auf.

Generell kann gesagt werden, dass die Städte sich, was die Suchtprävention angeht, in etwa gleich stark engagieren und sich auf einem ähnlichen Stand befinden. Was zu Osnabrück allerdings noch hinzugefügt werden muss, ist die Tatsache des steigenden Finanzproblems. Viele Abhängige haben einfach kein Geld übrig - auch nicht um das verhältnismäßig billige Angebot des Cafe Oases in Anspruch zu nehmen. Da die SonderBar in Wolfsburg kostenlos ist, kann sie den Abhängigen trotz Armut eine Anlaufstelle sein, da über Geld nicht nachgedacht werden muss. Das ist natürlich ein Vorteil.

Doch dieser kleine Unterschied zwischen den Cafes ist meiner Meinung nach nicht ausschlaggebend genug, um sagen zu können, dass Osnabrück eine schlechtere Suchtprävention als Wolfsburg hat. Wichtig ist in erster Linie nur, dass solche Institutionen vorhanden sind und Menschen geholfen wird. Ich bin daher auch der Ansicht, dass sich die beiden Städte, in dem was sie machen, wie sie es machen und wie sie den Menschen damit helfen, sehr ähneln. Aus diesem Grund würde ich Osnabrück und Wolfsburg auf ein Niveau setzen, was die Suchtprävention anbelangt.

7. Fazit

Abschließend gibt es zu sagen, dass nur die wenigsten Fälle, die sich in Therapie begeben, keinen Rückfall mehr erleiden. Was Drogen angeht, kann nie endgültig gesagt werden: „Die Person ist von ihrer Sucht genesen", da ein Rückfall selbst nach vielen Jahren der Abstinenz nie vollständig auszuschließen ist. Rein biologisch betrachtet ist es nahezu unmöglich aus diesem Teufelskreis zu entkommen. Die Erfolgsquote dieser Therapien ist also verschwindend gering.

Dennoch bin ich der Ansicht, dass es ohne die Suchtprävention und die Therapien überhaupt nicht möglich wäre, Süchtigen zu helfen oder Sucht allgemein vorzubeugen.

Da ich im Zusammenhang mit dieser Arbeit selbst einige Mitarbeiter und Mitarbeiterinnen der Drogenprävention kennenlernen durfte, mischt sich all dem natürlich noch eine persönliche Note bei.

Bei meinen Informationsgesprächen wurde mir stets sehr viel Zeit und Geduld entgegengebracht und die Mitarbeiter waren sehr aufgeschlossen und freundlich, sodass man sich im Gespräch wohlgefühlt hat. Was ich persönlich an diesen Menschen sehr schätzen gelernt habe, ist die Art wie sie Konversation betreiben. Man gewinnt nicht etwa das Gefühl man würde mit einer Autorität sprechen, die von oben auf einen herabsieht, sondern eher mit einem guten Freund. Die Gespräche laufen insgesamt sehr menschlich ab, was es mit Sicherheit auch für Betroffene leichter macht Probleme klar zu benennen.

Was mich noch in besonderer Weise beeindruckt hat, sind Einrichtungen wie die Cafes in Osnabrück und die SonderBar in Wolfsburg. Bevor ich im Rahmen dieser Facharbeit in diese Richtung Forschungen anstellte, war mir gar nicht bewusst, was das Angebot der Suchtprävention alles umfasst. Dass Menschen ihre Grundbedürfnisse wie Hygiene und Nahrung befriedigen dürfen, empfinde ich als äußerst wichtig, denn Suchtkranke sind durch ihre Krankheit schon genug bestraft und verdienen es nicht noch zusätzlich am Existenzminimum leben zu müssen. Deshalb finde ich es sehr menschlich und schön, dass sich diesen Menschen jemand annimmt und sie in ihrer schweren Situation – unabhängig von Geld - unterstützt.

Aus all diesen Gründen ziehe ich den Hut vor den Mitarbeitern der Suchtprävention und der Drogenberatung. Meiner Meinung nach handelt es sich dabei um einen sehr schwierigen Job, der viel abverlangt, da er mit vielen Emotionen verbunden ist. Umso wichtiger ist es, dass es Menschen gibt, die diesen Job - teilweise sogar ehrenamtlich - trotzdem ausüben.

Vor dieser Arbeit habe ich die Suchtprävention immer nur rein theoretisch betrachtet. Nun bedeutet sie für mich ein Stück Menschlichkeit und ich könnte mir durchaus vorstellen mich in meiner Freizeit ebenfalls ehrenamtlich dafür zu engagieren, dass Menschen mit Problemen Hilfe finden.

Aus all diesen Gründen betrachte ich meine These, dass Suchtberatungsstellen ein Grundstein für die Gesundheit unserer Gesellschaft sind, als bestätigt.

A. Anhang

1. Diese Abbildung zeigt die Besucherkontakte der SonderBar pro Jahr.

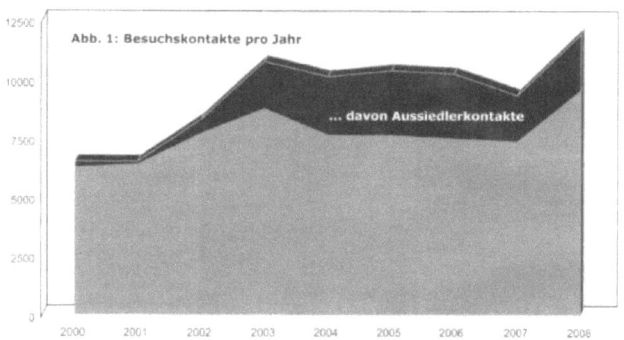

2. Diese Abbildung zeigt die Entwicklung der Klientenzahlen der letzten Jahre in Wolfsburg.

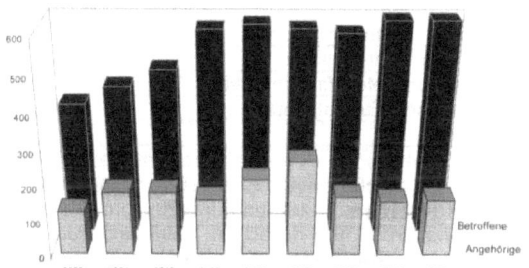

3. Diese Abbildung zeigt die Anzahl der Betroffenen nach Hauptdroge in Wolfsburg

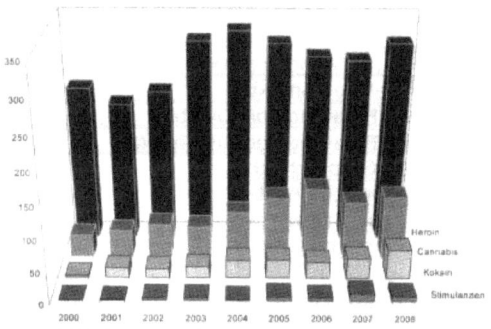

3 Ground Control

Projektzeit: 3 aufeinander folgende z.B. Montage
Zeitraum: jeweils 3 SchulStd.

1. Einheit: Suchtspezifischer Teil

Ablauf/ Methoden:

10.30 – 10.45 Uhr Vorstellung wir   **15 min**

Vorstellg.Ground Control + Jugend- und Drogenberatung
Regeln: einander zuhören, einander ausreden lassen, Freiwilligkeit des Sagens; alles bleibt
hier in diesem Raum – Hinweis auch auf unsere Schweigepflicht!
Vorstellungsrunde

10.45 – 11.15 Uhr → Suchtsack/oder Gruppenarbeit mit Süchtesammlung   **30 min**

Jeder zieht blind einen Gegenstand und verbindet ihn mit dem Thema Sucht – ausführliche
Erklärungen zu jedem Suchtmittel
(Auswertung: Was für Süchte gibt es? evt. persönlicher Bezug)

11.15 – 11.30 Uhr Pause

11.30 – 11.40 Uhr → Suchtverlauf „Wolkenspiel"   **10 min**

Begriffe wie Sucht, Abhängigkeit, Missbrauch, Gebrauch, Genuss werden im Dialog geklärt/ auf einen
wird Suchtverlauf eingegangen (evt. Flipchart)
Auswertung: Ab wann ist man süchtig? Was heißt eigentlich Sucht

11.40 – 11.50 Uhr → Konsumprofil + Auswertung   **10 min**

Die Schüler werden aufgefordert mittels Klebepunkte ihren Genuss-/ Suchtmittelkonsum zu
bestimmen/ Wer hat in den letzten Wochen welche Genussmittel zu sich genommen (1-3
mal gelber Punkt/ 3-bis mehrmals roter Punkt)

Auswertung

Was ist die Lieblingsdroge der Klasse? Welche Rolle spielen Zigaretten und Alkohol, Cannabis –
rechtliche Folgen!)

11.50 – 12.10 Pause

12.10 – 12.25 Uhr Polizeivorbereitungen: Fragenkatalog für Hr. Stief von der Polizei erarbeiten

12.25 – 12.35 → Hilfsangebote   **10 min**

Was kann ich tun wenn ich selbst betroffen bin?
- wenn Freunde, Verwandte, Eltern betroffen sind
- welche Hilfsangebote gibt es? (Hinweise auf Internet; Adressen)
welche Hilfe Unterstützung würde ich mir wünschen
Beratungsangebote verteilen und mal durchgehen

12.55 Uhr Abschlussrunde   **10 – 15 min**

- Feedback und Abschluss

2. Einheit:

Ablauf/ Methoden

10. 30 Uhr Begrüßung

10.40-11.25 Uhr → Wiedereinstieg ins Thema „Gründe – Wirkungen – Folgen"   45 min
- die Klasse wird in drei Gruppen geteilt: Gr. 1 muss Gründe für Suchtmittelkonsum aufschreiben; Gr.2 schreibt erwartete/erwünschte Wirkungen von Suchtmittelkonsum auf; Gr. 3 schreibt unerwünschte Folgen(kurz/langfristige) auf
- im Plenum stellt dann der Moderator der jeweiligen Gruppe ihr Ergebnis vor
- im Anschluss kann auf einiges noch speziell eingegangen werden

11.25 – 11.40 Uhr Pause

11.40 – 13.00 Uhr Polizei kommt und beantwortet Fragen   70 min
- erarbeitete Fragen werden mit dem Präventionsfachmann der Polizei besprochen
- er berichtet über rechtliche Folgen von Drogenbesitzes/- handel, etc.

außerdem wird er darüber aufklären, ab wann jemand strafmündig,.... ist

Abschlussrunde/ Feedback

3. Einheit: Suchtunspezifischer Teil

Ablauf/ Methoden:

10.40 Uhr Begrüßung

10.50 – 11.40 Film zum PC – Konsum + Auswertung   50 min

11.40 – 11.55 Pause

11.55 – 12.40 Rauschbrillen – Parcour + Auswertung   45 min
- mit Brillen, die einen Rauschzustand simulieren, müssen versch. Aufgaben eines Parcours erledigt werden

12.40 – 12.50 Kurzes Eingehen auf die Problematik der Co-Abhängigkeit   10 min
Klärung des Begriffs Co-Abhängigkeit und Aufzeigen von Hilfsmöglichkeiten bei Suchtproblemen innerhalb der Familie oder des Freundeskreises

12.50 Uhr – 13.00 Uhr Abschluss - Feedback

Literaturverzeichnis

Informationen durch Lexika

Begriff: Sucht
http://de.wikipedia.org/wiki/Sucht   (Stand vom 09.08.09)

Begriff: Drogenprävention
http://de.wikipedia.org/wiki/Drogenpr%C3%A4vention   (Stand vom 09.08.09)

Begriff: Prävention
http://de.wikipedia.org/wiki/Pr%C3%A4vention   (Stand vom 09.08.09)

Begriff: Intervention
http://de.wikipedia.org/wiki/Intervention   (Stand vom 23.08.09)

Begriff: Multiplikator
http://de.wikipedia.org/wiki/Multiplikator_(Werbung)   (Stand vom 23.08.09)

Begriff: Drogensubstitution
http://de.wikipedia.org/wiki/Drogensubstitution   (Stand vom 06.09.09)

Begriff: Co-Abhängigkeit
http://www.suchtprozesse.de/angehoerige.htm   (Stand vom 30.08.09)

Informationen von sonstigen Internetadressen

- „Drogenberatungsstellen in Wolfsburg"
  http://www.sonderglocke.de/suchtberatung/niedersachsen/wolfsburg.html (Stand vom 09.09.09)

Informationen aus Jahres- und Polizeiberichten

aus dem Jahresbericht 2008, Jugend- und Drogenberatung Wolfsburg, „Drops":

- Seite 8 und 9: SonderBar
- Seite 10: Sonderbar, Abb. 1 – Besucherkontakte pro Jahr
- Seite 13: Cannabis-Gruppe
- Seite 13: Fachstelle für Suchtprävention
- Seite 19: Jahresstatistik 2008
- Seite 19: Jahresstatistik 2008, Abb. 1 – Entwicklung der Klientenzahlen
- Seite 19. Jahresstatistik 2008, Abb. 2 – Betroffene nach Hauptdroge

aus dem Jahresbericht 2006, Fachstelle für Sucht und Suchtprävention, Diakonisches Werk Osnabrück:

- Seite 1: Zusammenfassung
- Seite 3: Cafe Oase
- Seite 6: Cafe Connection
- Seite 8: Prävention

aus dem Bericht „Jugenddelinquenz und Jugendgefährdung in Stadt und Landkreis Osnabrück" von 2008

- Seite 33 und 34: Drogenmissbrauch
- Seite 63: Prävention
- Seite 63 und 64: Präventionsprojekte gegen Sucht

Informationen aus Flyern

- „ Fachstelle für Sucht und Prävention – Eine Einrichtung der Jugend und Drogenberatung Wolfsburg"

- „Suchtkrankenhilfe für Betroffene und Angehörige" , (Herausgeber: Diakonie, Goethestraße 33)

- „Jugend- und Drogenberatung" , (Herausgeber: Abteilung der Drogenberatung in der Lessingstraße 27)

Informationen aus persönlichen Kontakten

- Mein Gespräch mit der Diplom-Sozialpädagogin und Sozialarbeiterin Sandra Kohnert von der Drogenberatungsstelle aus der Alessandro-Volta-Str. 3, am 27.08.09 um 09.30

- Projektbeispiel: Ground Control (ebenfalls auf Vermittlung und Bemühung durch Sandra Kohnert)